AUX BONS CITOYENS.

PIERRE-CHARLES-FRANÇOIS MITHOIS, *VENGEUR* DES SOCIÉTÉS POPULAIRES.

Les Sociétés, ou la Mort.

FRÈRES,

VOUS connaissez les factieux, vous savez qu'ils travaillent journellement à corrompre l'opinion publique, par des insinuations perfides, par des journaux séditieux (tels que *le Mercure de France*, *le Journal général par Fontenai*, *la Gazette de Paris*, *le Journal de Paris*, *la Gazette universelle*, *les Annales monarchiques*, *l'Indicateur*, *&c.*, & par une foule d'autres libelles, qui n'ont pour but que d'égarer le peuple, de discréditer les autorités constituées, & de faire haïr les meilleurs citoyens. Ces gens-là, direz-vous, font leur métier.

Mais comment arrive-t-il, qu'un de nos Magistrats, (*l'Accusateur public près le Tribunal Criminel du Département de la Manche*) s'avise de crier à tue-tête, *A l'anarchie*, tandis que tout est paisible, autant que les circonstances peuvent le permettre ?

Comment ce Magistrat, dans son zèle outré, ose-t-il heurter & le comité de surveillance de l'Assemblée Nationale, & l'Assemblée Nationale elle-même, & les Corps administratifs & les Juges de paix du Département, & l'Armée, & le Peuple, & les Sociétés patriotiques de la France, pour avoir fait leur devoir ?

Servirait-il donc aussi, cet homme, la cause de nos ennemis, lui que nous crûmes autrefois si bon citoyen ! . . .

Cest avec regret, que je vais parcourir deux écrits, où tout ce qu'il y a de plus respectable dans l'Empire, est outragé, calomnié.

S'il se fût contenté d'être ridicule, s'il n'eût pas menti lâchement, celui qui nous attaque, il n'eût trouvé chez nous que l'indulgence du mépris, ou une généreuse pitié ; mais il a voulu tromper.

Membre de deux Sociétés populaires, & citoyen dès l'aurore de ma raison, j'ai fondu mon intérêt dans l'intérêt public. Je vais parler au nom des bons citoyens.

Nous devons à tous nos frères de les avertir des pièges tendus autour d'eux par les détracteurs du peuple.

Nous devons au peuple, dont nous faisons partie, & que nous avons juré de défendre, de l'éclairer à tout instant sur ses véritables intérêts.

Lisons. . . . . *Fragment de la Correspondance de l'Accusateur public près le Tribunal Criminel du Département de la Manche, &c. Lettre du Ministre de la Justice à l'Accusateur public, &c. Et l'Accusateur public, &c. à tous les Officiers de Police de sûreté du Département.*

Ne semble-t-il pas d'abord que cet accusateur ne s'entend pas lui-même ?

L'anarchie, dit-il, *désole le Département.*

Nous, nous y voyons le gouvernement représentatif établi d'après les principes d'une constitution sage & bienfaisante ; nous y voyons des Corps administratifs, des Municipalités, des bureaux de conciliation, des Tribunaux de paix, de commerce, de district, & un Tribunal criminel, où les bons citoyens se souviennent d'avoir placé un accusateur public, en qui nous désirerions tous rencontrer plus de respect pour ses commettans, & un peu plus de jugement.

Alors nous ferions observer à cet accusateur ainsi régénéré, qu'il n'y a point d'anarchie, là, où les autorités constitutionnelles sont respectées, où les loix sont religieusement observées, où l'agriculture est florissante, où les assignats & les billets de confiance ont un grand crédit, où le commerce enfin jouit d'une heureuse activité : & il verrait, cet accusateur, tout cela autour de lui.

Nous dirions aussi à cet homme, que la guerre civile, loin d'être de sitôt *à nos portes*, n'est encore heureusement que dans le cœur des mauvais citoyens, ou dans quelque cerveau visionnaire.

Nous lui dirions sur-tout, qu'il n'est pas honnête de calomnier tout un Département, pour des délits particuliers. Certes, il peut bien y avoir eu des troubles dans quelques communes ; mais, ces troubles, qui les a provoqués ? Si M. Vieillard voulait être de bonne foi, il répondrait franchement, que ce sont les ennemis du peuple.

Il doit savoir, ce monsieur Vieillard, qu'il est, en France, bien des factieux, bien des factions, qui sont toutes, plus ou moins dangereuses; que, dans les commencemens, quelques-unes affecterent un punissable mépris pour nos loix nouvelles; que, n'ayant pu nous opprimer chez nous, par tous les genres de trahison & de perfidie, les chefs de ces partis s'associèrent d'autres brigands, comme eux, & distribuèrent, entre tous, les rôles; que, sacrilèges déserteurs de leur pays, les uns sont allé nous mendier des fers, ou la mort, chez des tyrans étrangers; mais qu'eux-mêmes vont tomber, plutôt qu'on ne pense, sous le sabre expéditif des enfans de la Patrie.

L'accusateur public n'ignorera pas, non plus, qu'une multitude de traîtres, plus funestes encore, sont restés au milieu de nous, où ils trompent le peuple, & où ils pompent nos ressources, pour les faire passer chez l'étranger; que, malgré la correspondance habituelle & suivie de ces ennemis de l'intérieur avec ceux du dehors, ils goûtent assez paisiblement ici, les fruits d'une constitution glorieuse, qu'ils ont l'audace de blasphêmer, ou dont ils réclament l'appui, selon les circonstances.

Ce même Vieillard accusateur connoîtra sans doute à fond une institution de ténèbres, élevée dans le mépris, sous le nom de *Tourbe feuillantine, ou feuille mourante*. (*)

(*) La société *des Feuillans* est ainsi appellée, à cause de son emplacement. Ceux qui la composent tinrent d'abord leurs séances aux Feuillans, ci-devant couvent de moines, à Paris. Cette horde impure se forma des mauvais sujets qui sortirent de

M. l'accusateur public aura peut-être apperçu le monstre Feuillantisme travaillant sourdement, sous le sautoir de la Magistrature, à paralyser la marche des hommes libres, afin d'étendre, s'il se peut, la prérogative royale, de rehausser l'aristo-

---

la société des amis de la constitution, quand Louis XVI revint de Varennes. Ce furent l'argent, les faveurs & les promesses de la cour qui donnèrent lieu à cette scission. C'était aussi la rage de voir leur complot avorté. Il se rendit aux Feuillans nombre de Députés de l'Assemblée Nationale, ineptes ou mauvais citoyens. Retournés chez eux, ils y ont porté, développé, autant qu'ils ont pu, le levain pestilentiel qu'ils avoient formé ensemble aux Feuillans; cette secte méprisable fait autant & plus de mal que les aristocrates les plus déclarés. Ses apôtres, sous le prétexte de ne prêcher que *la loi, toute la loi, rien que la loi*, laminent cette loi, de toutes leurs forces, & tâchent d'en dégoûter le peuple, en lui en faisant sentir le poids avec tyrannie. (Il faut, sans doute, que le peuple obéisse à la loi, mais il faut la lui présenter comme une mère aimable & protectrice, & non pas comme une marâtre repoussante & cruelle.)

Voici à quels signes on reconnait un Feuillantin (c'est une engeance qui se trouve en bien des endroits.)

Comme ils sont tous marqués du signe de la bête, ils seront faciles à reconnaître.

Ce sont des singes malins qui haïssent & cherchent à perdre les patriotes énergiques, qu'ils appellent *exaltés*, parce qu'ils ne sont pas hypocrites comme eux; qui devant le peuple prêchent d'un ton fade & perfide la modération; qui quelquefois eux-mêmes tonnent contre les abus, & plaident la cause du peuple, pour tromper mieux ce même peuple & attraper ses suffrages, afin de le mener & de le trahir après. On en voit s'insinuer dans la garde nationale, dans les cafés, à l'église, dans les lieux publics, se mêler, s'aboucher avec les citoyens sincères, à qui ils font des politesses, pour décrier en arrière eux & leurs opinions. Il s'en trouve qui, intrus dans les sociétés patriotiques, blâment par envie, par méchanceté & par cabale, les idées & les écrits les plus justes; & parce qu'on ne veut pas comme eux ressusciter un style plat & rampant, ils vous honorent du dédain de la sottise. Ils voudraient nous remener insensiblement aux vieilles idées &

cratie bourgeoise, & de prostituer un peu cette étonnante liberté qui aura été l'ouvrage des *Sans culottes*.

Les émigrés, les aristocrates de l'intérieur, les feuillantins, &c., voilà, précieux M. Vieillard, quels sont les vrais auteurs de nos maux. Vous en conviendrez vous-même, si vous êtes juste, & vous direz que les prêtres fanatiques, avec leurs tristes partisans, ne sont que des machines, que des drôles plus adroits font jouer, pour allumer cette guerre civile, dont vous parlez avec une tant belle énergie.

Nous vous le demandons pourtant, Monsieur, jusques-là le bon peuple de la Manche a-t-il employé contre ses ennemis bien autre chose que l'arme grotesque du ridicule ou du mépris. t

Quand vous aurez réfléchi, vous serez sûremen devenu trop raisonnable, pour imputer à un Département, à un canton, ou à une commune entiere, des fautes particulières & individuelles, s'il s'en est commis quelque part.

---

par là détruire, sinon tout-à-fait, du moins à moitié, cette vigoureuse liberté, dont nous sommes tant jaloux. Dans les sociétés patriotiques, dans les administrations, dans les municipalités, &c. ils présentent mille moyens détournés, pour écarter les propositions, les mesures sages & grandement utiles. Les Feuillans crient d'une maniere étudiée contre les aristocrates, parce qu'ils ont le mot avec eux & qu'ils les voient en particulier. Enfin ce sont des êtres qui jouent le patriotisme, mais leur museau n'est pas de taille pour le masque. On apperçoit le ridicule, & l'animal est découvert.

Un feuillant est un être froid, souple, sans sentiment, qui n'aime que lui-même; s'il se montre impétueux par intervalle, il choisit son coup, & comme sa fougue n'est que de commande, elle disparaît à volonté.

Un vrai patriote n'est point fait comme cela; il est franc, ferme & loyal; ses discours, ses actions, sa conduite, tout se répond chez lui.

Nous serons une fois de votre avis. Nous n'approuvons point les excès. Il suffit à nos yeux que la loi les condamne, Mais, monsieur, si vous vouliez vous donner la peine de comparer les faits vagues dont vous vous plaignez si amèrement, aux faits arrivés dans beaucoup de Départemens, ne seriez-vous pas forcé d'avouer, qu'il a régné dans nos contrées, un calme auquel on n'avait guères lieu de s'attendre, sans la douceur naturelle des habitans.

Si le peuple de la Manche daignait mettre un instant sa conduite en parallèle avec la conduite de ses ennemis *intérieurs & extérieurs*, il serait possible que, même au tribunal de votre *Sagesse*, il eût encore à se louer de la sentence. C'est beaucoup espérer ; mais la charité ne nous quitte jamais.

Votre diatribe, en vérité, est écrite en style si original, qu'on a quelque embarras à y démêler autre chose, sinon que vous lancez les foudres de votre génie sur les bons citoyens, on serait tenté de dire, *exclusivement*.

Vous ne nous parlez point de ces cabales souterraines des non-conformistes, ni des menées de leurs intelligens souffleurs ; seriez-vous aveugle ou muet, quand il s'agit de leurs intérêts ? Vous passez sous silence l'empoisonnement du curé & d'un autre prêtre constitutionnel de Thorigni. Une maison qu'avait ce curé pour loger deux vicaires qui desservent la succursale de Saint-Amand, a été embrâsée. Était-ce par les devots à la constitution, M. Vieillard ? Ces attentats auraient bien pu trouver une petite place dans votre correspondance, quelque pressé que vous fussiez ; vous, qui êtes l'*Argus*, l'*Omnis homo* de la magistrature, il serait bien étonnant que vous n'en eussiez rien su. La force de la loi est bonne à diriger ailleurs que contre les patriotes.

La plupart des Juges de paix, dites-vous, *sont glacés*. Si le fait est vrai, ils ne feront pas beaucoup de patriotes, ces juges; apparemment ils seraient comme vous, ils auraient l'esprit peu révolutionnaire. Mais vous leur faites injure, & nous ne vous croyons pas.

Vous demandez *un Substitut* : vos occupations vous *accablent*; prenez garde, monsieur, qu'elles ne vous *échauffent*......

Vous ne pouvez quitter *le chef-lieu où siège le Tribunal criminel*; c'est un malheur : vous deviendriez étrangement clairvoyant, puisqu'à l'occasion d'un manteau volé, vous voyez d'ici *planer le crime sur ce vaste Département*. (*)

Votre imagination peut-être suppléerait aisément au substitut que vous semblez exiger. C'est une merveilleuse courrière que cette imagination. Elle a la complaisance de voyager pour vous, jour & nuit, sur tous les lieux du ressort. Sans doute qu'élevée dans la moyenne région de l'air, elle y plane en souveraine sur *l'atmosphère du crime*. Là, le cœur du nouveau Don-Quichotte de la Manche, & ses yeux enflammés d'un feu sombre, cherchent non pas des moulins à vent, mais des semblables à pourfendre & à punir. Que disons-nous? . . . Ce sont êtres d'une toute autre tournure que la valeur héroïque du *Chevalier* veut y surprendre, y châtier, pour conquérir les faveurs de sa Dulcinée (*La Coblentziere*.)

Déjà vous lorgnez la petite gent patriote; & certes vous lui faites quelque honneur. Vous dénoncez à ravir, quoique un peu novice dans votre art. On désirerait seulement que vous écrivissiez

(*) Paroles de M. Vieillard dans ses conclusions contre le voleur d'un manteau.

avec

avec un peu plus d'ordre, que vos pensées eussent certain air naïf qui leur manque. Quant aux calomnies, personne ne vous blâme; vous êtes riche dans cette partie. Vous dénoncez le Procureur de notre commune; (*) il le méritait bien. C'est un de ces petits patriotes qui font tout uniment leur devoir, & qui ont la gaucherie de se tenir à leur poste. Puis il est président de cette Société des amis de la liberté, puis vice-président de cet autre club, dit des amis de la constitution. Ces gens-là & lui pourraient bien avoir quelque tort. . .

Vous répétaillez sans cesse aux oreilles de tout le monde & à celles des Représentans, que *la guerre civile est à nos portes*. Regardons. . . . . . N'est-ce pas vous tout seul qui la faites?

Ah! si vous disiez plutôt, M. Vieillard: Une peste *civile est à nos portes; éloignez ce fléau:* (ce sont vos termes:) vous commenceriez à avoir quelque idée de la justice distributive.

Eh! d'où vient ce grand courroux que vous manifestez contre les Sociétés patriotiques? Faut-il que l'Assemblée Nationale les supprime tout-à-l'heure? . . . . Vous lui donnerez au moins quelques jours, & à nous aussi, pour réfléchir. Elles ont bien des torts, à vos yeux, ces Sociétés. Vous avez la bonté de faire entendre qu'elles sont coupables de toutes les petites espiégleries que vous vous amusez à décrire.

Silence: écoutons ce qui va sortir de votre bouche éloquente.

» Tant que les Sociétés *populaires*, qu[illegible]
» qu'elles soient, *se croiront* au-dessus de t[illegible]
» les autorités constituées, tant qu'elles les [illegible]

(*) Voyez la lettre imprimée du Procureur [illegible] mune de Coutances, à M. Vieillard.

» *ront*, tant qu'elles les rendront *suspectes* aux » yeux du peuple, tant qu'elles *tromperont* ce peu- » ple essentiellement bon, mais malheureusement » *facile à séduire*, jamais la Constitution ne s'as- « soiera sur sa base ».

Quelles conclusions ! ..... Ingrat, & faux personnage, as-tu bien pu vomir contre nous de semblables impostures ?

Quand tu es venu aux Sociétés des amis de la constitution & de la liberté, as tu remarqué quelquefois que nous n'ayons pas répondu au titre que nous avons pris ? Ton œil spéculatif a t-il jamais rien observé, parmi nous, qui ressemble à ce que ton impudence ose affirmer Tu devais examiner les Sociétés, avant de les juger. Les autorités constituées de la ville ne pensent pas comme toi.

Tu crois nous avilir, en qualifiant nos Sociétés, de *Sociétés populaires*. Sache que c'est leur plus beau titre; parce que, là, où est le peuple, là, est l'amour du bien & de la vertu. Apprens que nous nous glorifions d'être les soutiens, les vengeurs du peuple, peuple nous-mêmes (*).

Tu dis que ces Sociétés, dont l'existence chagrine ton âme inquiète, se croient *au-dessus de toutes les autorités constituées*.

Écoute : voici notre déclaration.

Vieillard autorité, tant qu'il se renfermera dans les bornes de ses fonctions, sera pour nous un être respectable.

Mais Vieillard individu, Vieillard particulier, s'il n'est pas fou, est à nos yeux, pour bien du tems, un maigre & plaisant *Chevalier*.

(*) Lisez l'excellente dissertation de M. Lanthenas, intitulée *Des Sociétés populaires, considérées comme une branche essentielle de l'instruction publique.*

(Excuse l'expression, il s'agit d'un *Preux*.)

Écoute encore. Nous n'estimons les hommes qu'autant qu'ils valent. Nous respectons par-tout le caractère légal, même dans le plus méchant homme & le plus perfide citoyen. Nous n'avons garde de l'avilir ce caractère sacré, nous ne pouvons le rendre suspect. Seulement nous invitons par fois le peuple à se défier de certains fonctionnaires, (des feuillantins, par exemple,) & l'expérience prouve assez que nous n'avons pas tort.

» Aurais-tu la manie de te croire toujours & partout une autorité ? Va, si elles en étaient informées *officiellement*, les Sociétés populaires arrêteraient à l'unanimité, dès leur prochaine séance, que chacun de leurs membres, en te voyant passer dans la rue, sous l'habit du simple citoyen, dît, voilà encore Vieillard autorité ; respectons-le, respectons-le.

Nous avons un avis sérieux à lui donner, à ce Vieillard. Quand il fera aux Sociétés populaires l'honneur de les calomnier, qu'il y mette quelque adresse, qu'il prenne des mesures moins grossières. De quel front, dis-nous, oses-tu imprimer que nous trompons le peuple ? Nous, tromper le peuple ! . . . . Eh ! nous nous tromperions nous-mêmes. Tu te méprens. Tu voulais dire cette secte feuillantinocrate, qui, née de la corruption de l'assemblée constituante, pullulait naguères par toute cette terre de liberté, qu'elle souille & déshonore. C'est celle-là, qui trompe le peuple, c'est elle, qui, frappant à tort & à travers avec la férule des loix, essaie de nous reporter dans les liens d'un esclavage hypocrite & soi-disant poli.

Peux-tu donc, toi, perdre de vue un seul instant, que nous avons été les appuis de la constitution en son berceau ; que c'est nous qui avons facilité, suivi ses développemens ; que nous la défendons en ce moment de tout notre pouvoir, & que nous la défendrons encore avec l'énergie des âmes libres & vertueuses.

Tu fais, sans doute, une grande grace au peuple, quand tu dis qu'il est bon. Il veut bien le croire. Si c'est pour le flatter que tu parles, recule-toi, il n'a pas besoin de courtisans; il les méprise.

Après avoir traité aussi avantageusement le peuple, il vous restait, M. Vieillard, une tâche à remplir. Vous peignez le peuple *malheureusement facile à séduire.* Oui, sans doute, il le fut : votre élection, celle de bien d'autres, en seraient-elles des preuves?... Mais ce tems-là passe.

Qu'était-il besoin de prévenir le public, dans un avertissement *important*, que vous ne songez point *à vous préparer à l'avance aucuns suffrages?*

Le tems est passé, comme vous dites très-bien, *le tems est passé, où l'on aurait pu vous soupçonner ces vues.*

Pourquoi donc chercher à prouver si au long à ce peuple que vous *méritez sa confiance?* tenez: pour éclairer la question, il s'agirait de savoir de quelle confiance & de quel peuple vous voulez parler.

Ah! Vieillard, que vous avez de malheur! Si vous vous étiez tu, si vous n'aviez pas chargé quelques pages de votre verve pesament spirituelle, si du moins vous eussiez dormi, pendant les heures perdues, à faire votre éloge, peut-être ce peuple vous eût pris pour un grand homme.......

Tranquillisez vos esprits; la constitution s'asseiera sur sa base, & elle ira son train.

Mais *la circonstance était impérieuse*; vous avez dû publier vos idées, ou tout au moins les plus chaudes.

Vous nous avez cité au tribunal de l'opinion publique, qui juge, & les scélérats, & les bons citoyens ; il faut que nous vous y fassions prêter, à votre tour, l'interrogatoire.

Nous commençons par vous dispenser de nous dire vos qualités ; nous les connoissons.

Pourquoi, Vieillard, pourquoi l'émission subite de vos idées contre nous, dans le moment où l'on calomniait les sociétés patriotiques par tous les Départemens, où les patriotes énergiques étaient dénoncés ou près de l'être, ou certain Lariviere juge de paix à Paris, décernait force mandats d'amener contre le célèbre & vertueux Carra, & contre des membres du comité de surveillance de l'Assemblée Nationale ; dans le tems où ce même juge de paix envoyait chercher trois Députés chez eux, à cinq heures du matin, par des Gendarmes nationaux ; à l'époque où l'on se préparait à enlever le Roi, & à faire sauter l'Assemblée Nationale.

Pourquoi répandiez-vous, si largement, alors votre *chef-d'œuvre* contre les sociétés populaires, dans les gîtes aristocratiques, feuillantins, non-conformistes, & chez des magistrats que vous insultiez, tandis que les patriotes n'en voyaient pas un seul exemplaire ; était-ce pour avoir le tems de former l'opinion *en leur faveur* ?

Pourquoi courir si brusquement à St Lo, à Avranches, vous faire imprimer ? Manquerions-nous de bons imprimeurs ici ?...... Et vous dites que *vous n'aimez pas à porter vos coups dans l'ombre*. (*)

Votre coup, à vous, est manqué. Vous étiez bien simple de ne pas faire quelque chose de votre côté;

(*) Expressions de M. Vieillard, dans sa lettre au Procureur de la Commune, en lui envoyant copie de sa *Dénonciation*, qui était déjà arrivée à Paris. Cette lettre de M. Vieillard se trouve à la suite de celle du Procureur de la Commune.

vous étiez lié avec un commandant de gendarmerie ; que n'étiez-vous juge de paix !....

Le juge Lariviere a été envoyé à Orléans. Les sociétés populaires seraient fâchés de vous voir aller lui tenir compagnie.... La malheureuse mine a été trop-tôt éventée. Sans mentir, ces infatigables Jacobins (*) sont gens bien incommodes.

(*) *Jacobins*, C'est le nom qui fut donné aux Membres de la premiere société d'amis de la Constitution; Citoyens, reportons nos regards sur ce premier berceau de la liberté. Que d'entraves elle eut à sa naissance !... Deux castes engendrées pour le malheur des hommes, les ex-nobles & les prêtres du veau-d'or, s'étaient coalisés pour anéantir la représentation du peuple & la voix du génie. Les Députés du peuple s'apperçurent qu'ils étaient influencés, & que tous leurs efforts allaient devenir inutiles contre cette ligue infernale; alors ils se rassemblent dans Versailles, vieux séjour du crime, où tout les menaçait d'une perte prochaine. Là, conjurés sur l'autel de la patrie que leurs mains & les nôtres venaient d'élever, ils s'aident de leurs lumieres, s'échauffent d'un zèle pur & sacré, & préparent avec réflexion les plans de défense & d'attaque contre nos ennemis communs.

C'est elle, c'est cette heureuse réunion qui a répandu sur la France l'esprit public & le véritable amour de la vertu. C'est là qu'est né l'excellent almanach du pere Gerard, & une multitude d'ouvrages précieux pour le salut du peuple.

Cette société-mere de toutes les sociétés patriotiques & de tous les Jacobins de la terre, a su & saura toujours prévenir, arrêter, étouffer les complots des scélérats qui se proposent de nous réasservir.

Quand l'Assemblée Nationale eut quitté Versailles, la société des amis de la Constitution s'établit aux Jacobins de la Rue St Honoré à Paris, où elle reçut dans son sein un foule de citoyens; là elle continue de prêcher les superbes principes de l'égalité, de la liberté & du bonheur social; là se forme l'esprit de nos meilleures, de nos plus belles, de nos plus sages loix; là les hommes courageux, les hommes de genie, les citoyens vertueux rassemblèrent leurs efforts immortels pour façonner au milieu des orages la Constitution qui a rompu nos chaînes & sauvé l'Univers. La Constitution !...... Citoyens, un si bel ouvrage périrait-il !...... Soyons tous Jacobins, chauds, énergiques, vrais amis du peuple; aimons passionnément la liberté, & sacrifions tout pour elle.

Le comité de surveillance de l'Assemblée Nationale s'attendait bien à partager vos honorables injures, M. Vieillard ; il est curieux de vous entendre raisonner sur son compte ; c'est vous, qui parlez :

« Comment notre Département, criez-vous aux « Représentans, ne serait-il pas exposé *aux plus* « *terribles secousses*, lorsque MM. Fauchet, Gou-« pilleau & Merlin, sous *le titre* de membres du « comité de surveillance, OSENT écrire *aux Socié-* « *tés* que d'après les notes qu'ils ont reçues, tous « les officiers généraux de la ci-devant province de « Normandie, sans exception, sont *suspects* » ?

Vous en avez menti, S. Vieillard ; ce n'est point ainsi qu'est conçue la lettre du comité ; le terme *suspect* n'y est point employé.

Il faut être une âme telle que la vôtre, une âme de boue, pour oser, contre sa parole d'honneur & son serment, divulguer un fait que vous défigurez bassement & avec la perversité du crime. Vous aviez promis avec nous de ne point parler de cette lettre, pour dérober à l'ennemi la connaissance de notre marche, & afin d'éviter des alarmes exagérées, vous aviez juré !...... votre délicatesse ne fut pas plutôt sortie, que vous contâtes tout à qui voulut l'entendre ; vous l'avez imprimé !..... Il fallait encore y ajoûter quelque chose de votre cru : allez, vous n'êtes pas venu trop tard pour glaner dans les champs honteux de l'imposture, de la calomnie, de la trahison, du parjure.

C'est bien du mal que vous n'ayez pas eû connaissance de notre reponse au comité, comme vous le demandiez ; vous l'eussiez faite imprimer avec des notes & des observations de votre fabrique.

Vous arrivez à l'Assemblée Nationale !........ si vous pouviez venir à bout de lui faire supprimer ce vilain *Comité de surveillance !...... La correspondance de ce comité est impolitique, & le comité lui-même peut bien être la cause des troubles, qui agitent la France.* Vous deviendrez sorcier. Malheureusement l'Assemblée ne paraît guères disposée à accueillir vos apperçus. La société des amis de la liberté de Coutances n'a-t-elle pas eû elle-même la cruauté de les rejeter, quand il lui a plu de former son comité de surveillance, Rappellez-vous à cette occasion, grand Vieillard, combien vous fûtes honni, berné, sifflé par moi, par tous nos frères, & en particulier par frère Hervieu, notre procureur de la commune qui vous tança à ravir, & auquel vous avez depuis déclaré une si loyale guerre.

Comme vous aimez peu la surveillance, la société doit prévenir son comité de vous traiter en ami; vous lui feriez plaisir de l'honorer, au moins une fois par semaine, de quelqu'une de vos dénonciations.

Qu'avaient à faire dans votre correspondance, les bustes de la Fayette & de Bailly ? Il est vrai qu'ils vous fournissaient l'occasion d'une nouvelle & riche calomnie; vous insinuez, pas mal-adroitement, que MM. Fauchet, Goupilleau & Merlin, & quelques Jacobins aussi, sont les auteurs de ce que vous appellez une conspiration contre ces bustes.

Il eût été intéressant de voir votre lettre à MM. Fauchet, Goupilleau & Merlin; mais vous ne voulèz pas la publier.

Vous vociferez, que l'Assemblée Nationale ne doit pas se laisser influencer; rassurez-vous. Elle ne se laisse point encore trop influencer, ni par les aristocrates, ni par les feuillans, ni par vous, ni par tous les ennemis du peuple.

Elle est en vérité admirable, la dextérité avec laquelle vous parlez si à propos du respect aux loix

&

& de l'amour de la constitution. Est-ce pour allécher les lèvres de vos lecteurs sur les bords du vase, & pour leur faire avaler tout d'un trait la potion.

Encore un mot, aux Représentans, sur l'armée.

Selon vous, *il aurait fallu renvoyer au milieu des Autrichiens, avec la Constitution traduite en allemand**, les six espions tiroliens qui ont été pendus dans l'armée du Nord. Il faut convenir que vous avez une vaste idée de la police des camps & de la discipline des armées.

Vous continuez : *si les bourreaux des soldats tiroliens ne sont pas livrés à l'Autriche, qui voudra désormais croire à la générosité française ?*

Quoi ! vous, ignorer qu'aujourd'hui, un Français, soit soldat, soit tout autre, a le droit d'être jugé suivant les loix de son pays, par les seuls juges qu'elles lui donnent ces loix protectrices, & que rien ne peut le soustraire à la jurisdiction de la liberté !

Vous, proposer d'envoyer des hommes libres à des esclaves, à des tyrans, pour les punir !

Vous proposez, Vieillard, un attentat contre le bon sens & la constitution ; &, si vous ne retractez au plus vite cette bétise, qui voudra désormais croire à votre science? Ne tremblez-vous point d'entendre crier tout autour de vous : il est presque aussi ignorant que fanatique.

Voilà pour votre fragment.

Nous ne dirons pas grand'chose de votre placard.

La lettre que vous adresse le ministre de la justice prouve que vous l'avez trompé, suivant votre usage. Il est vrai que ce ministre est plus réservé que vous ; il n'ose pas affirmer trop hardiement ce qui ne lui est attesté que par une délation obscure ou suspecte.

Que d'actions de graces, M. Vieillard ; que de remercîmens n'ont pas à vous offrir nos corps administratifs, & tous les officiers de police de sûreté, pour les soins que vous avez pris de les peindre aussi favorablement aux yeux du ministre, & surtout pour la peine que vous vous êtes donné de faire afficher la lettre diffamatrice de leur zèle.

Voyons *la harangue* dont vous faites un cadeau si généreux aux officiers de police de sûreté, pour leur apprendre, ils n'en doutent pas, à lire la constitution, à épeler les loix, enfin à faire leur métier.

Au premier coup d'œil, ne dirait-on pas que vous n'avez point perdu entièrement les dispositions que vous aviez à devenir le défenseur officieux des prêtres fanatiques & de leurs chétifs adhérens ?

Il se présenterait encore tout naturellement une observation à vous faire.

Les Emigrés ne vous auraient-ils point par hasard chargé de leur procuration en partant. C'est à vous qu'il sied de faire leur apologie ; vous les disculpez admirablement ; on ne peut mieux faire que de vous copier.

« Les troubles intestins, l'intolérance, la persé-
« cution, les outrages, les attentats à la sûreté in-
« dividuelle, glacent de terreur tous *les propriétai-*
« *res*, tous *les grands consommateurs*. Ils se dé-
« robent par la fuite aux *atrocités*, dont ils crai-
« gnent de devenir les victimes. Avec eux dispa-
« raissent leurs richesses, & le pauvre se trouve,
« par leur retraite, privé des ressources nécessai-
« res pour élever une famille souvent nombreuse,
« parce qu'il *manque de travail*. »

Bravo, M. l'accusateur : quand vous seriez aristocrate, ça n'irait pas mieux ; vous avez fort bien deviné.

Si pourtant il nous était permis de douter de la vérité de vos assertions, nous vous ferions remarquer que la rage émigrantine a d'a[illegible] causes que celle que vous lui assignez. Nous vous les avons déjà mises en partie sous les yeux.

Encore, si vous disiez que vos protégés n'ont délogé que pour aller grossir ou former les bandes noires d'outre-rhin; (ils craignaient peut-être aussi de rester nos ôtages en cas que leurs projets vinssent à éclater & à échouer.)

Si vous ajoûtiez que la plupart des émigrés ne payent point leurs dêttes, qu'ils ont emporté, pillé, volé tout ce qu'ils ont pu, on commencerait à vous entendre. Quand votre gravité assûre ensuite que le pauvre *manque de travail*, elle en a menti, monsieur l'accusateur; il suffit d'avoir des yeux.

Poursuivez :

« Si la paix au contraire regnait dans notre Dé-« partement, elle deviendrait pour tous ses habi-« tans une source inépuisable de richesses par le « nombre prodigieux de *Citoyens*, qui s'y *refu-« gieraient*. »

Fort bien, M. l'accusateur; votre intention est donc de faire de notre Département le répaire des aristocrates, des fanatiques, des brigands, & de tous les mauvais sujets chassés de tous les points de la France. Que vous seriez alors en belle compagnie, M. l'accusateur; pour nous, grand merci; nous ne voulons point de vos *richesses* à ce prix.

Depuis que vous avez conçu ce grand dessein, il n'est pas surprenant que vous ayez choisi de si belles mesures. Avant votre superbe dénouement, nous n'aurions eu garde de deviner, pourquoi vous demandez des feuillantins de *galères*, dont chacun *fasse consister sa liberté à obéir à la loi* EN ESCLAVE. Le langage, reçu parmi nous, veut qu'on obéisse à la loi EN AMI. Tous les membres de nos sociétés populaires chérissent la loi, la respectent; & ils laissent aux vils scélérats le soin de la craindre. Or, chaque pays, chaque langue.

Quant au tourbillon d'injures qui roule à vos ordres sur les productions dont vous faites présent au public, nous voyons d'ici à qui elles s'adressent. Prenez garde de confondre parmi ces gens là, les Jacobins & les *Sans culottes* de la Révolution. Ils vous repondraient : Vieillard, mêle-toi de tes affaires ; laisse, laisse agir nos canons, nos piques, nos sabres, nos fusils ; ils se rangeront autour de l'autel du bien public, & ils protégeront les magistrats qui savent y sacrifier. Va, la confiance que ta responsabilité produit n'est pas un bandeau qui soit facile à agencer sur nos yeux ; nous voulons voir clair en tout temps. Nous avons la démengeaison de demêler, dans le magistrat, *le vil intrigant, le vil agitateur*, l'ambitieux *qui a rampé toute sa vie dans des sentiers obscurs*, & le déserteur de la cause du peuple, d'avec le citoyen honnête, juste & sincère, pour départir à l'un le blâme & l'opprobre qu'il mérite, à l'autre l'estime, l'amitié, l'affection que nous lui devons.

Vous voyez comme le peuple s'explique ; vous, M. Vieillard, vous n'aviez peut-être jamais refléchi à ces minuties. Aviez-vous même, comme la bienséance semblait le prescrire, consulté le tribunal, dont vous êtes membre, sur la *promulgation* de votre fragment, & des deux lettres qui l'ont suivi. Si vous l'avez fait, quelle reponse avez-vous reçue ? vous n'en dites rien.

Avez-vous daigné vous conformer à la loi qui vous ordonnait de mettre votre affiche en papier de couleur ? A quoi bon au reste toutes ces formalités ? Vous étiez pressé ; vous brûliez *de rallier les citoyens séduits, autour des autorités constituées.* Eh bien ! puisqu'une si sainte envie dévore vos entrailles, M. l'Accusateur, que ne ralliez-vous autour de *ces mêmes autorités*, les Aristocrates, les Feuillans, les Non-conformistes ? Ce sont-là des citoyens séduits. Ils ouvrent un beau champ à votre zèle. Si vous connaissiez quelqu'un des citoyens séducteurs, vous rendriez un bon service à la chose publique, en le convertissant au plutôt.

Dans le supplément à votre lettre inconcise contre le Procureur de notre Commune, vous dites au Ministre que » *Vos principes lui paraî-* » *tront ceux d'un ami sincère de la Constitution!!!* ..... » Je voudrais bien le croire. Mais.... ajoutez-vous, » *De vils intrigans ne vous en peignent* » *pas moins; dans d'obscurs libelles, comme un* » *ARISTOCRATE FURIEUX* !!!..... »

Ah! songez, songez au tems glorieux, où maire de la Commune de Saint-Lo, vous apperçutes, dans la rue, une voiture armoriée. L'écharpe au cou, ingambe comme un cerf, vous sautez sur un pot de peinture, qui se trouve là, & vous barbouillez, barbouillez prestement l'anti-constitutionnelle voiture. Vous étiez alors le maire barbouilleur. Depuis que vous raprochez des lieux où sont les voitures, seriez-vous réduit à n'être que l'accusateur *brouillon*?

A Saint-Lo, vous ne faisiez, il est vrai, que tâtonner; depuis que vous êtes auprès de nous, vous avez fait de furieuses enjambées dans l'art de conduire les hommes.

Nous autres amis de la constitution & de la liberté, nous sommes restés bien en arrière. Nous sommes de bien pauvres gens devant vous. Nous avons la bonhommie, la simplicité de respecter nos sermens & d'y être fidèles.

Vous vous étiez destiné à vous faire une carrière moins raboteuse, moins gênante. Vous êtes habile dans l'art des infractions, (*envers les Sociétés*), & vous ne trouvez là dedans rien, qui vale à son homme, quelques dixaines d'années de fers, pas même une heure de POTEAU.

Courage ; avec de la patience & du génie, comme vous en avez, on ne manque guères d'arriver à son but.

Voici, en attendant, le monument que nous nous empressons d'élever à votre gloire :

Les Sociétés patriotiques de la ville de Coutances, ont arrêté que le nom de *Vieillard, accusateur public près le Tribunal Criminel du Département de la Manche*, serait effacé du tableau des amis de la Constitution & de la Liberté ; ce qui a été exécuté aussitôt ; & à côté a été écrit : *Pour cause de trahison envers les Sociétés Patriotiques.*

Enfin, il est donc vrai que le siège des Sociétés populaires n'a pas été plus heureux que le *Siège de Rouen ?* (*) Votre siége de Rouen, Vieillard, s'il vous en souvient, fut levé en moins de deux heures. Votre siège des Sociétés a-t-il même commencé ? (**)

MITHOIS.

(*) Tragédie de M. Vieillard, à laquelle le Parterre de Rouen décerna les honneurs de la sépulture le jour même de sa naissance.

(**) Je ne parle pas d'*Almanzor*, vous diriez que j'aime la satyre.

Invitation de la Société des Amis de la Liberté de la Ville de Coutances, aux Citoyens des Campagnes.

POUR démentir, comme il faut, les aristocrates qui ont le projet de renverser la constitution, nous invitons nos frères des campagnes, à former, au chef-lieu de leur canton, dans chaque bourg, dans chaque commune, une société patriotique sous le titre de *société populaire des amis de la Liberté & de la Constitution.* Qu'on y lise le plus souvent qu'on pourra la constitution & les loix; qu'on y fasse venir de bons journaux & *ça ira.*

Voici, nos frères, les journaux que nous vous indiquons : *Les Annales* PATRIOTIQUES de M. *Carra*, & la *Feuille Villageoise.* Les gaillards, qui les font, ces deux journaux, ont du nerf; ils vous apprendront à connoître les fourbes feuillantins, les gredins d'aristocrates & compagnie.

Extrait des Arrêtés de la Société des Amis de la Liberté de la Ville de Coutances.

Du 15 Juin 1792, an 4 de la Liberté.

FRÈRE MITHOIS lit un mémoire qu'il a rédigé, pour repousser l'injure faite aux sociétés populaires & aux bons citoyens, par *l'accusateur public près le Tribunal Criminel du Département de la Manche*, dans deux écrits, dont l'un a pour titre:

Fragment de la correspondance de l'accusateur public &c. l'autre renferme une *Lettre du ministre de la justice à l'accusateur public &c.* , & une autre lettre du même *accusateur à tous les officiers de police de sûreté du Département.*

L'Assemblée applaudit au zèle de frère MITHOIS; arrête que son mémoire sera imprimé aux frais de la société , pour être distribué , &c.

Arrêté en outre qu'il sera en même tems fait une invitation fraternelle aux bons citoyens des campagnes , pour les engager à former au milieu d'eux des sociétés patriotiques.

Certifié conforme au registre. Signés , Nicole ex-président , Macé secrétaire.

il plaide contre Servieux Procureur de la commune de Coutance qui est chéri par sa probité, et son patriotisme

A COUTANCES, de l'Imprimerie de J. N. AGNÈS.
1792.

www.ingramcontent.com/pod-product-compliance
Lightning Source LLC
LaVergne TN
LVHW010253230826
846091LV00007B/2943
9782013039246